Couverture inférieure manquante

RECHERCHES HISTORIQUES SUR LE MOYEN AGE EN POITOU

LES ANCIENS SIRES DE LUSIGNAN

GEOFFROY LA GRAND'DENT

& LES COMTES DE LA MARCHE

PAR

Charles FARCINET

Ancien Chef du Personnel au Ministère de l'Intérieur
Officier de la Légion d'Honneur et de l'Instruction Publique
Correspondant de la Société des Antiquaires de France

FONTENAY-LE-COMTE	NIORT
à la Revue du Bas-Poitou	Imp. Lemercier et Alliot
Rue Benjamin Fillon	6, Rue du Pilori

1897

LES ANCIENS SIRES DE LUSIGNAN
GEOFFROY LA GRAND'DENT
& LES COMTES DE LA MARCHE

RECHERCHES HISTORIQUES SUR LE MOYEN AGE EN POITOU

LES ANCIENS SIRES DE LUSIGNAN

GEOFFROY LA GRAND'DENT

& LES COMTES DE LA MARCHE

PAR

Charles FARCINET

*Ancien Chef du Personnel au Ministère de l'Intérieur
Officier de la Légion d'Honneur et de l'Instruction Publique
Correspondant de la Société des Antiquaires de France*

FONTENAY-LE-COMTE	NIORT
à la Revue du Bas-Poitou	Imp. Lemercier et Alliot
Rue Benjamin Fillon	6, Rue du Pilori

1897

LES ANCIENS SIRES DE LUSIGNAN

GEOFFROY LA GRAND'DENT

& LES COMTES DE LA MARCHE

L'ancienne famille de Lusignan, vassale des Comtes de Poitou, et par suite des rois d'Angleterre au moyen âge, a produit de nombreux rameaux et a été féconde en personnages illustres. Elle a tenu le premier rang parmi la noblesse du pays, et l'étonnante fortune de cette maison, l'éclat jeté par elle, expliquent comment la crédulité des anciens temps a pu prendre au sérieux la légende de *Mélusine*, immortalisée par les romanciers et les poètes. Les Sires de Lusignan ont donné des rois à Jérusalem et à Chypre, des Comtes de la Marche (seconde branche) et d'Angoulême, des Comtes de Pembroke en Angleterre, des Comtes d'Eu, des Seigneurs de Lezay, de Couhé, etc. [1].

[1] La maison de La Rochefoucauld, l'une des plus anciennes et des plus illustres de France, tire son origine de celle de Lusignan, dont elle a, de tout temps, porté les armes avec trois chevrons pour brisure ; mais on n'a point précisé la véritable jonction des deux familles. On dit seulement que les La Rochefoucauld sont issus d'un cadet des Sires de Lusignan, vers 1202. Hugues II,

L'autorité de la maison de Lusignan en Poitou s'étendait sur quarante paroisses, dont la moitié appartient aujourd'hui au département des Deux-Sèvres, et de nombreux vassaux venaient se ranger sous sa bannière.

Nous avons peu de renseignements sur les premiers Seigneurs de Lusignan ; le château-fort, dont ils portent le nom, était situé à six lieues de Poitiers ; mais leur origine est obscure et leur histoire remplie de leurs démêlés avec les Ducs d'Aquitaine et les anciens Comtes de la Marche, dont ils finirent par absorber les domaines, malgré les prétentions des rois d'Angleterre, qu'ils combattirent ou appuyèrent suivant leurs intérêts du moment.

Hugues Ier, dit LE VENEUR, est désigné comme étant le chef de la maison de Lusignan au Xe siècle ; mais nous ne savons rien sur lui. — Viennent ensuite :

Hugues II, dit LE CHER, auquel la chronique de Maillezais attribue la fondation du château de Lusignan, qui passait pour imprenable, et qui aurait été bâti par la fée *Mélusine*. Ce château, successivement accru, était une des merveilles de l'architecture militaire du moyen âge et s'élevait au sommet de la colline dont la Vonne baigne la base au Nord. Il n'existe plus depuis longtemps et on a fait sur son emplacement une promenade plantée d'arbres. Il servit

---

mort avant 967, laissa trois fils : Hugues III, Josselin et Aimeric. Josselin de Lusignan épousa l'héritière du château de Parthenay, et c'est de cette union que dériveraient les maisons de Parthenay et de La Rochefoucauld. Foucauld Ier, seigneur de la Roche en Angoumois, était fils de Josselin de Lusignan, et vivait du temps de Robert, roi de France (996-1031). — Les armes des La Rochefoucauld sont : *burelé d'argent et d'azur de dix pièces*, qui est de Lusignan ; *à trois chevrons de gueules, le premier écimé, brochants sur le tout*. C'est en souvenir de cette origine que les La Rochefoucauld ont toujours porté des *Sirènes* ou *Mélusines* pour *tenants* de leurs armes.

de prison à Jacques Cœur, fut pris par le Duc de Montpensier, en 1575, sur les Calvinistes, après trois mois de siège, et démantelé sur les instances des habitants de la ville. « C'était le plus fameux et le mieux bâti du royaume », dit de Thou. On ne laissa debout qu'une tour, dite de *Mélusine*, en dehors de la place, et cette tour fut elle-même démolie en 1622. Avec elle disparut une statue de *Geoffroy la Grand'Dent* qui surmontait la maîtresse-porte. Lusignan n'est plus aujourd'hui qu'un chef-lieu de canton avec 2,200 habitants, sur la route de Poitiers à La Rochelle. On y remarque encore l'Eglise avec trois nefs, bâtie au XIe siècle, remaniée au XVe et restaurée de nos jours ;

Hugues III, dit LE BLANC, vivait sous le règne de Hugues Capet. Il mourut en 1012 ;

Hugues IV, dit LE BRUN (1012-1026), fils de Hugues III et d'Arsende. Fut souvent en lutte avec le Duc d'Aquitaine et les Vicomtes de Thouars ; il fit bâtir le château de Couhé, et commença la cathédrale romane de Lusignan ;

Hugues V, dit LE PIEUX (1026-1060), épousa Almodis, fille de Bernard, Comte de la Marche ; guerroya contre Guillaume VIII d'Aquitaine, et fut tué aux portes du château de Lusignan ;

Hugues VI, dit LE DIABLE, eut une vie très accidentée. Il commença la guerre de la succession de la Marche, à laquelle il se prétendait des droits par sa mère *Almodis*, mais qui n'aboutit que bien plus tard (*en 1199*) à la possession définitive de ce Comté pour ses descendants. Il prit part à la guerre d'Alphonse VI, roi de Castille, contre les Musulmans (1087) et assista au siège de Tudèle ;

accompagna le Duc Guillaume IX à la Croisade en 1101, et fut fait prisonnier à Ramleh par les Sarrasins. Il était de retour en Aquitaine en 1103, et mourut en 1110 ;

Hugues VII (1110-1149) dit LE BRUN, fit d'abord la guerre à Guillaume IX, puis se réconcilia avec lui (1226) ; lutta de nouveau avec son successeur Guillaume X et fut fait prisonnier à Talmont. Il se querella aussi avec Gilbert de la Porée, évêque de Poitiers, dont il pilla les domaines et fut excommunié (1142) ; mais ayant bientôt fait amende honorable (1144), il partit pour la deuxième croisade (celle de Louis VII) en juin 1147, et y mourut, paraît-il, en 1149 :

Hugues VIII, dit aussi LE BRUN et LE VIEUX (1148-1173) se croisa comme ses pères. Il partit por la Terre-Sainte en 1163 (*Hugo de Liziniaco qui cognomitus est Brunus*, dit Guillaume de Tyr, XIX, 8. p. 894), et fut fait prisonnier à la bataille de Harenc (1164). Il était de retour en Poitou en 1171, puisque cette année il confirma les dons faits par son père Hugues VII et Sarrasine, sa femme, à l'abbaye des Châtelliers (voir plus loin). Il mourut probablement vers 1173. En son absence, ses fils Hugues, Geoffroy, Guy et Amaury avaient pris part à l'insurrection des barons d'Aquitaine contre Henri II, roi d'Angleterre, et en Avril 1168, le Comte Patrice de Salisbury fut tué dans une rencontre avec Geoffroy de Lusignan. — Hugues, fils aîné de Hugues VIII, et dit aussi LE BRUN, mourut le 16 avril 1169, et son père lui survécut. C'est un fait important à constater pour la généalogie. — Remarquons auparavant qu'en 1177, Aldebert V, Comte de la Marche, étant sans enfants et partant pour la Croisade (où il périt), vendit son Comté à Henri II d'Angleterre, et que, malgré l'opposition mise à cette vente par les trois fils de Hugues VIII (Geoffroy, Guy et Amaury), Henri II prit possession du Comté et reçut les hommages des barons et des chevaliers. Cette souveraineté anglaise, très contestée, ne fut guère que nominale : Hugues LE BRUN fils étant mort en 1169, Geoffroy de Lusignan, son frère aîné, revendiqua ses droits sur le Comté de la Marche et l'administra de fait, malgré les compétitions anglaises, jusqu'à son départ pour la Croisade.

Hugues VIII avait épousé Bourgogne de Rancon dont il eut six enfants, entr'autres Hugues, prédécédé en 1169, Geoffroy, Guy et Amaury.

Hugues IX de Lusignan, n'était donc pas fils de Hugues VIII. L'erreur a été reproduite par tous les généalogistes : Il était fils de Hugues, l'aîné des fils de Hugues VIII, et par conséquent *petit-fils* de ce dernier.

En effet, il résulte de plusieurs actes du cartulaire de l'abbaye des Châtelliers (Deux-Sèvres) [1] et d'un autre de l'Absie [2] que Hugues, fils aîné de Hugues VIII, et frère de Geoffroy de Lusignan, mourut en *1169 avant son père* (alors prisonnier en Orient), et que ce fut un fils de cet Hugues décédé qui, sous le nom de Hugues IX, succéda à son grand-père Hugues VIII et devint plus tard Comte de la Marche. Ce qui le prouve, c'est *qu'en 1171* un Hugues de Lusignan (Hugues VIII) confirme les dons faits par son

---

[1] L. Duval, cartulaire de l'abbaye des Châtelliers, p. 6, 7, 25 et 80 (Niort, 1872, in-8). — Dom Fonteneau, Bib. Nat. Man. fonds latin, n° 18.380.

[2] Archives historiques du Poitou. Cartulaire de l'Absie, T. XXV, 132.

père Hugues VII et *Sarrasine* sa femme, à l'abbaye des Châtelliers ; *qu'en 1218*, un autre Hugues de Lusignan, (Hugues IX), sur le point d'aller à Jérusalem, confirme ces dons faits en 1171 par son aïeul à l'abbaye : « *Hoc igitur* « *donum AVI MEI superius expressum, ego Hugo Brunus* « *Comes Marchiæ, volui et concessi, etc.* ; — et qu'en 1248, « un autre Hugues (Hugues X) reconfirme les dons de son bisaïeul : « *noveritis, quod ego vidi et diligenter inspexi* « *litteras antecessorum meorum, videlicet Hugonis de Lezig-* « *niaco PROAVI MEI, et Hugonis Bruni Comites Marchie* « *PATRIS MEI.* » Il en résulte incontestablement que le Hugues (IX) de 1218 est bien le *petit-fils* de Hugues (VIII) de 1171. — Cette filiation ressort également d'un acte du cartulaire de l'*Absie* constatant une donation faite à cette abbaye en 1169 par Geoffroy (Ier) de Lusignan, 2e fils de Hugues VIII, pour le salut de son frère (aîné) Hugues, *décédé* le 16 avril *1169*. Cet acte commence ainsi : « *Cum humana vita sit labilis et transitoria* », etc., et ensuite : « *Quod ego Gaufridus de Lizigniaco pro salute animæ* « *meæ FRATRISQUE MEI HUGONIS atque parentum* « *meorum dedi... Hoc factum est apud Lizigniacum primo die* « *POST SEPULTURAM HUGONIS FRATRIS MEI* « *laudante et concedente Burgundia matris mea. Anno Domini* « *MCLXVIIII (1169), XVII Kal. April.* —(Bourgogne (de Rancon) était la femme de Hugues VIII).

Hugues IX, petit-fils de Hugues VIII, devint définitivement Comte de la Marche en 1199. C'est la véritable date, d'après les deux chroniqueurs Bernard Itier et Albéric de Troisfontaines. Il s'empara en effet du Comté à la mort de Richard-Cœur-de-Lion (1199). En 1200, il se déclara contre Jean-sans-Terre qui avait enlevé Isabelle d'Angoulême, fiancée à son fils (Hugues X), et après avoir servi Philippe-Auguste pendant 14 ans environ, il se réconcilia, en 1214, avec le roi d'Angleterre. Il avait épousé *Mathilde*, fille et héritière de Vulgrin, Comte d'Angoulême. Il partit pour la Palestine en 1218 et mourut à Damiette en 1219.

— Nous rappellerons ici que trois autres fils de Hugues VIII de Lusignan sont devenus célèbres : Geofroy, Guy et Amaury.

1. *Geoffroy (1er) de Lusignan*, qui porta pendant quelque temps le titre de Comte de la Marche, puis de Jaffa, après ses succès en Orient, avait remplacé dans la Marche son père absent, ainsi que son frère aîné Hugues, prématurément décédé, et il est souvent cité comme agissant en maître dans ce Comté. Il épousa : 1° avant 1200 (vers 1195) Eustache Chabot, dame de Vouvent et Mervent (qui a passé pour une des *Mélusines* ou prétendues fées des anciens romans) dont il eût son fils aîné Geoffroy (II) dit LA GRAND' DENT ; 2° vers 1202, sa première femme étant décédée, Geoffroy 1er se remaria à Humberge de Limoges, fille d'Adhémar V et de Sarah de Cornouailles [1], qui lui donna un autre fils, Guillaume, dit DE VALENCE, lequel ayant épousé Marquise de Mauléon [2] en eut deux enfants,

---

(1) Le Père Anselme. — La Chesnaye des Bois, article *Lusignan*. — Moreri, verbo *Limoges*. — Geoffroy 1er paraît avoir eu un premier fils, nommé Hugues, dont la trace se perd et qui mourut probablement jeune.

(2) Guillaume de Valence, demi-frère de Geoffroy la Grand-Dent, et qui pilla avec lui l'abbaye de Maillezais en 1225, était mort en 1230, car dans un acte daté de cette année, Marquise de Mauléon sa femme et qualifiée *vidua quondam uxor Wilelmi de Valentia defuncti*. On voit par le même acte qu'ils avaient perdu un enfant en bas-âge, Guillaume. Tous les trois furent enterrés dans l'abbaye de la Grénetière, au pied de la *Capella martyrum* ; ils avaient

Guillaume, mort jeune, et *Valence*, qui épousa Hugues-L'Archevêque, sire de Parthenay, et hérita des seigneuries de Vouvent et Mervent.

Geoffroy 1ᵉʳ s'illustra aux Croisades. Dès 1187, il était en Syrie, et en 1191 au siège de Saint-Jean d'Acre, où il secourut son frère Guy et se distingua particulièrement : Dans un combat des Francs contre les Sarrasins : *chargé « de garder l'herberge* (le camp), *hardiement la deffendi, si « come celui qui estoit vaillant et hardi chevalier* » (Hist. des Crois., histor. occid., T. 2, p. 130). De retour en Aquitaine, vers 1195, Geoffroy fut dépouillé de plusieurs de ses fiefs par Jean-Sans-Terre, roi d'Angleterre, mais il s'y rallia en 1204, après avoir en vain renforcé l'armée d'Arthur de Bretagne. Il est cité parmi les Chevaliers Bannerets du Poitou en 1212, et Rigord, historien de Philippe-Auguste, rapporte qu'il dût de nouveau rendre hommage à Jean-sans-Terre, en 1214, et signer un traité, probablement à la suite du siège qu'il subit avec ses deux fils dans le château de Vouvent (Rymer, *Fœdera*, I, 189, édit. de Londres, 1704). La date de sa mort n'est pas exactement connue ; mais nous verrons plus loin qu'il n'existait plus en 1224.

2° *Guy de Lusignan*, qui devint roi de Jérusalem en 1186 et de Chypre en 1192, est le chef des Lusignan d'outre-mer. Il se fit remarquer en Palestine et fut appelé au trône à la suite de son mariage avec Sybille, fille du roi Amaury 1ᵉʳ ; mais battu par Saladin à Tibériade en 1187 et dépossédé, il acheta l'île de Chypre à Richard Cœur-de-

---

marqué eux-mêmes leur sépulture dans ce lieu pour un acte passé en 1226. Dom Fonteneau y a vu leurs tombeaux en 1750 (Bib. nat. fonds latin, 18,834 — Dom Fonteneau, IV, 215 et 227, fᵒˢ 103, 104, 111.).

Lion, qui l'avait enlevée à Isaac Comnène, et y fonda une monarchie avec les Francs de Syrie.

3° *Amaury de Lusignan*, qui fut roi de Chypre en 1194, sous le nom d'Amaury II, après son frère Guy, et transmit le royaume à ses descendants jusqu'en 1489.

— Hugues X de Lusignan succéda à Hugues IX en 1219, comme Comte de la Marche, et devint aussi Comte d'Angoulême en 1220 par son mariage avec Isabelle d'Angoulême, veuve de Jean-sans-Terre, roi d'Angleterre, et mère de Henri III. C'était son ancienne fiancée que Jean-sans-Terre lui avait enlevée vingt ans auparavant. Isabelle ayant été Reine crût pouvoir empêcher son nouvel époux de rendre l'hommage qu'il devait à Alphonse, Comte de Poitiers, frère de Saint-Louis, et elle fut soutenue dans sa révolte par Henri III et par les rois d'Aragon, de Castille et plusieurs seigneurs du midi ; mais ils essuyèrent une première défaite au pont de Taillebourg et furent vaincus, une seconde fois, le lendemain, sous les murs de Saintes (1242). Ce dernier échec obligea le Comte de la Marche à prêter hommage et à livrer en garantie plusieurs forteresses qui reçurent une garnison française. Cette guerre fut la dernière tentative des grands vassaux sous le règne de Saint-Louis. Hugues X mourut en 1249. Un de ses fils [1], appelé Guil-

---

(1) Isabelle, dite la *Comtesse-Reine*, eut *cinq* enfants de son premier mariage avec Jean-sans-Terre, et *neuf* de son second avec Hugues X. Elle mourut en 1246 à l'abbaye de Fontevrault, où elle s'était retirée.

Enfants d'Isabelle et de Jean-sans-Terre (deux fils et trois filles) : *Henri III* et *Richard*, — *Jane*, mariée à Alexandre, roi d'Ecosse ; *Eléanor*, mariée d'abord au Comte de Pembroke, puis au Comte de Leicester ; *Isabella*, mariée à Frédérick II, Empereur d'Allemagne.

Enfants d'Isabelle et de Hugues X (cinq fils et quatre filles) : *Hugues XI* ; *Guy*, seigneur de Cognac ; *Geoffroy*, seigneur de Jarnac ; *Guillaume*, seigneur de Valence, puis de Pembroke, en Angleterre ; *Adhémar*, évêque de Winchester ;

laume, prit le surnom de *Valence* (comme le second fils, alors décédé, de Geoffroy de Lusignan, avec lequel on l'a confondu) et devint Comte de Pembroke, en Angleterre, favorisé par Henri III, son frère utérin ; un autre, nommé *Adhémar* ou *Aymar,* fut, malgré l'opposition du clergé anglais, nommé pour peu de temps Evêque de Winchester (1260) [1].

Hugues XI, dit aussi le Brun, Comte de la Marche et d'Angoulême en 1249, épousa Yolande, fille de Pierre Mauclerc, duc de Bretagne, qui lui apporta en dot le Comté de Penthièvre. Il mourut dans la campagne d'Egypte, en 1250.

Hugues XII était mineur à la mort de son père, et de 1250 à 1256, les Comtés de la Marche et d'Angoulême furent gouvernés par Yolande, veuve de Hugues XI. Son fils se signala par ses violences contre le clergé. Il prit part

Agathe, femme de Guillaume de Chauvigny, seigneur de Châteauroux ; *Alpais* ou *Alix,* mariée en 1247 à Jean de Sussex, vice-roi d'Ecosse ; *Isabelle,* mariée à Geoffroy de Rancon, seigneur de Taillebourg ; *Marguerite,* mariée d'abord au Comte Raymond de Toulouse, puis à Aimery de Thouars, seigneur de Talmond.

[1] Henri III, roi d'Angleterre, leur frère utérin, les avait attirés auprès de lui en 1247 ; il fit chevalier Guillaume de Valence et lui donna la seigneurie de Wertsford. Il devint Comte de Pembroke par son mariage avec Jeanne de Montchensey, Comtesse de Pembroke, fille de Guérin de Montchensey, chevalier anglais, et de N. Mareschall, fille de William Mareschall, Comte de Pembroke, régent du royaume à l'avènement d'Henri III. De ce mariage naquirent : 1° Aymar de Valence, Comte de Pembroke, qui fut vice-roi en Ecosse et enterré à Westminster ; 2° Guillaume de Valence, 2° du nom, tué au combat de Lantilawit (pays de Galles) en 1283, et qui eut pour enfants : 1° Aymar II de Valence, Comte de Pembroke, dont la femme née de Chastillon, vivait encore encore en 1355, et fonda le collège de Pembroke à Cambridge en 1343 ; elle était fille de Guy de Chastillon, Comte de Saint-Paul en France ; 2° Elisabeth de Valence, mariée à Jean, sire de Hastings, dont elle eut Laurent de Hastings, Comte de Pembroke, seigneur de Wertsford, etc. (*Le Père Anselme*). — Voir aussi *W. Camden,* Description générale de l'Angleterre, Comté de Pembroke (Wales). — Cette branche des Comtes de Pembroke s'est éteinte à la 3e génération. Les Comtes de Pembroke actuels n'ont été créés qu'en 1551.

à la deuxième Croisade de Saint-Louis, en 1270, et y périt.

Hugues XIII n'était pas majeur en 1270, et la garde du Comté échut à Jeanne de Fougères, sa mère. Il fit la campagne d'Aragon en 1285, n'eut pas d'enfants et mourut en 1302. Il avait désigné *Guy*, son frère, pour lui succéder, et celui-ci, mort en 1308, avait remis le Comté à sa sœur aînée Yolande ; mais Philippe-le-Bel ayant résolu de réunir la Marche et l'Angoumois au domaine de la Couronne, traita avec Yolande qui conserva l'usufruit des deux Comtés. Son testament est du 12 août 1314. (*Bib. Nat. Man. Collection Dupuy, Tome 805, f° 93.*)

PREMIERS COMTES DE LA MARCHE.

La Marche (Haute et Basse), tire son nom de sa situation limitrophe du Poitou et du Berri. La première branche des Comtes de la Marche est représentée par les *Boson* et les *Aldebert* ; la seconde est celle des *Lusignan* dont nous venons de parler.

Première branche :

I. — Boson Ier, dit LE VIEUX, fils de Sulpice et petit-fils de Geoffroy, Comte de Charroux (c'est-à-dire de la *Marche*, dont *Charroux* était le chef-lieu [1]), est qualifié Comte de la Marche dans une charte de 944. Il devint le successeur

---

(1) *Charroux*, l'une des capitales de la Marche (les autres furent *Guéret* et *Bellac*), avait au moyen âge une certaine importance. Elle était bâtie dans une situation pittoresque, près de la Charente, sur un sol boisé, couvert de monuments celtiques, d'ouvrages militaires anciens et traversé de voies romaines. Une abbaye fondée par Charlemagne, y avait attiré un grand nombre d'habitants ; elle comptait huit églises et occupait une étendue aussi grande que celle de Limoges. Charroux resta capitale jusqu'en 1477.

des enfants de Bernard dans le Comté de Périgord, et mourut à une époque indéterminée ;

II. — ALDEBERT Ier, Comte de Haute-Marche, un des plus ambitieux et des plus emportés seigneurs de son temps ;

III. — BOSON II, Comte de la Basse-Marche. Aldebert, premier Comte de la Haute-Marche, eut pour enfants Bernard, premier successeur de son père et de Boson II. — Boson II, Comte de la Basse-Marche, troisième fils de Boson Ier, mourut vers 1006. Sa femme était Almodis, fille de Giraud, Vicomte de Limoges ;

IV. — BERNARD Ier, Comte de la Haute et Basse-Marche, fils d'Aldebert Ier, mourut en 1047. Il eut pour enfants : Aldebert, Odon et *Almodis, mariée à Hugues V de Lusignan ;*

V. — 1047, ALDEBERT III (Aldebert II étant Comte de Périgord) ;

VI. — 1088, BOSON III ;

VII. — 1091, ALMODIS ET ROGER II DE MONTGOMERY ;

VIII. — 1116, ALDEBERT IV, EUDES ET BOSON IV ;

IX. — 1143, BERNARD II, fils d'Aldebert IV et d'Arengarde ;

X. — 1150, ALDEBERT V, qui vendit le Comté au roi d'Angleterre en 1177, ainsi que nous l'avons dit précédemment.

GEOFFROY II de LUSIGNAN, dit la GRAND'DENT.

Les anciennes chroniques, le roman de *Mélusine,* plusieurs autres documents et Rabelais même, dans *Pantagruel,* parlent de ce redoutable et turbulent seigneur du moyen âge, Geoffroy de Lusignan, qui fut surnommé *la Grand'Dent*, parce qu'une longue dent lui sortait, dit-on, de la bouche, et qui est devenu légendaire en Poitou, à la suite des persécutions et des violences qu'il exerça contre les moines de l'ancienne abbaye de Maillezais (Vendée) [1] et des Prieurés qui en dépendaient.

L'identité de ce farouche personnage, presque romantique, est restée longtemps douteuse, malgré la notoriété dont il a joui depuis le XIIIe siècle, non seulement en Poitou, mais dans des pays très éloignés. On trouve beaucoup d'erreurs et de contradictions dans les notices qui le concernent, et il était à désirer qu'elles fussent redressées dans l'intérêt de l'histoire de cette province.

Plusieurs historiens et généalogistes l'ont confondu avec son père, Geoffroy (Ier) de Lusignan (2e fils de Hugues VIII de Lusignan) qui se distingua à la 3e Croisade, et joua un rôle assez important dans les guerres dont le Poitou fut le théâtre sous Philippe-Auguste et ses successeurs. Il avait toujours paru difficile de faire cesser cette confusion, et plusieurs érudits y avaient renoncé, en présence des

---

(1) L'abbaye de Maillezais (Vendée), fut fondée vers 980 par Emma, fille de Thibaut le Tricheur, Comte de Blois, et femme de Guillaume IV, Duc d'Aquitaine. Cette princesse la fit construire sur les ruines d'une ancienne basilique détruite par les Normands, la consacra à Saint-Pierre et y établit une communauté d'hommes soumis à la règle de Saint-Benoît. Guillaume V, Duc d'Aquitaine, voulut y terminer ses jours, et plusieurs de ses successeurs y furent enterrés.

Maillezais est aujourd'hui un chef-lieu de canton de 1,389 habitants, arrondissement de Fontenay-le-Comte. De l'église abbatiale, devenue cathédrale au XIVe siècle, il ne reste que le porche du XIIe siècle (deux tours carrées d'inégale hauteur), le narthex du XIe siècle, un mur de la nef et une partie du transept Nord du XIVe siècle. A côté, sont les anciens bâtiments de l'abbaye. L'église paroissiale de Maillezais, également monument historique, est une des plus remarquables églises romanes de la Vendée par les sculptures de la façade.

obscurités et des contradictions qu'ils rencontraient dans les anciens documents. Nous avons néanmoins repris ces recherches, et peut-être jetterons-nous un peu plus de lumière sur les faits et gestes de ces personnages qui sont restés dans la pénombre du moyen âge. Si tant d'événements de cette époque tourmentée nous sont peu connus dans leurs détails, la plupart ont cependant été mentionnés dans des chartes ou chroniques des anciens monastères, et quoique tous ces écrits ne soient pas parvenus jusqu'à nous, on peut encore quelquefois, en relevant et en comparant les textes qui nous restent, arriver à en tirer quelques conclusions.

Il est facile d'établir tout d'abord que Geoffroy II, dit *la Grand'Dent* (1), persécuteur de l'abbaye de Maillezais (2), a succédé à son père Geoffroy (I*er*) de Lusignan, comme seigneur de Vouvent et Mervent, et qu'il devint après la mort de Savary de Mauléon (1233), le maître de Fontenay-le-Comte, que Saint-Louis lui reprit en 1242, ainsi

---

(1) Il importe de remarquer que le surnom de *Grand'Dent* n'est mentionné dans aucun ancien document véritablement historique. On n'en parle que dans le roman de *Mélusine*, datant de 1387, et dans quelques autres récits fantaisistes. C'est une tradition populaire, consacrée par ces romans et par l'iconographie. Châteaubriand a justement fait remarquer que la chevalerie historique, qui a commencé à la fois chez les Maures et chez les chrétiens sur la fin du VIII*e* siècle, a fait naître une chevalerie *romanesque* qui donne aux temps moyens un caractère d'imagination et de *fiction* qu'il est essentiel de distinguer (*Préface des Etudes historiques*).

(2) Ces violences contre l'abbaye de Maillezais avaient commencé du temps de Geoffroy père qui venait souvent mettre le monastère à contribution avec de nombreux écuyers et valets, des mules et des chiens ; elles redoublèrent avec le fils qui finit par chasser les religieux et s'installa dans les dortoirs et réfectoires. (*Arnauld*, hist. de Maillezais). *Le Duchat* dit même qu'en 1232 il mit le feu à l'abbaye, ce qui lui ayant fait une mauvaise affaire à Rome, il fut contraint de la rebâtir et de lui faire des rentes pour plus de 3,000 livres.

que le rapportent Guillaume de Nangis [1] et plusieurs autres chroniqueurs. Il existe, en effet, un document probant, une charte en vieux langage français, émanant de Geoffroy la Grand'Dent lui-même, datée de 1234, et dont une copie, faite par Jean Besly, l'historien poitevin, est conservée aux manuscrits de la Bibliothèque nationale (*Coll. Dupuy, T. 805, f° 69*), dans laquelle il se dit fils de Geoffroy de Lusignan et d'Eustache (Chabot) décédés, et les recommande aux prières des frères de l'Aumônerie de Saint-Thomas de Fontenay, en leur concédant le droit de prendre du bois de chauffage dans ses forêts [2]. Ses violences contre le monastère de Maillezais dont il réclamait l'*avouerie* [3] du chef de sa mère décédée, le firent excommunier, et il dut se rendre à Spolète en 1233, auprès de Grégoire IX, pour se faire absoudre et renoncer à ses

---

(1) Geoffroy la Grand'Dent qui avait embrassé le parti du Comte de la Marche, ne put pas plus que lui, résister à Louis IX, et dut s'abandonner à la discrétion du vainqueur. Le récit de sa défaite se trouve dans Guill. de Nangis : « Après la prise de la tour de Béruge, li roys ala seurement à un « autre chatel que l'en clame Fontenoy et le tenoit Geffroys, sires de Liseygny, « qui etoit en l'ayde le Comte Hue de la Marche. Li roys fit assoir (*assiéger*) « le chatel et le prit en peu de temps par la force, avecques un autre moult « riche et moult fort que l'on nommoit Nouvent (*Vouvent*) qui etoit au dict « Groy (Gefroys) » — 1242.

(2) Voici un extrait de cette charte, curieux spécimen de la langue du temps : « A tous ceaulx qui cest present escript voiront et oiront, je Geoffreiz « de Lezignen, sires de Vouvent et de Mairevent, saluz. Sachez vos tuit com- « munement que je Geoffreiz de Lezignen dessus ditz, por lo salu de m'erme « et por le salu de mun bun père sire Geoffreys de Lezignen lo prodome et « de ma dame Eustache ma bonne mère, ay donné et donne aux frères de « Munsignor Saint Ladre d'Ostremer qui de lor ordre serant... en la maison « de l'aumosnerie... de Fontenay et aux pauvres lor chauffage en ma forest de « Mairevent... por lo bienfaict dau chauffage... sont tenu et serant tenu dura- « blement à faire l'aniversaire de mun père et de ma mère qui dessuz sont « nommés chascuns ans solepnament en l'église... etc. » 1234.

(3) *Avouerie* : protection, patronage des églises et des abbayes, établissant une vassalité. C'était un droit héréditaire.

injustes prétentions. Entraîné plus tard dans la révolte de son cousin Hugues X, Comte de la Marche, contre Saint-Louis, Geoffroy se vit forcé de subir la loi du vainqueur après la bataille de Taillebourg (1242). Il rendit hommage l'année suivante à Alphonse de France, Comte de Poitiers et frère de Saint-Louis, pour ses châteaux et fiefs de Vouvent, Mervent et autres. Il mourut en 1248 et fut probablement enterré dans l'église de Vouvent, où l'on a pu lire à l'intérieur de l'abside, touchant au portail et à droite, cette inscription du XIIIe siècle: *QVONDAM PRÆCLARVS SED NVNC CINIS ATQVE FAVILLA* †. On pense généralement que ces cendres sont celles de Geoffroy la Grand'Dent qui, par son testament (de Janvier 1247, *voir plus loin*), avait choisi sa sépulture dans cette église. Il y avait aussi dans l'abbaye de Maillezais un tombeau, ou plutôt un cénotaphe, avec une statue, érigés à la mémoire de Geoffroy, qui s'était reconcilié avec les moines. C'est ce mausolée que cite plaisamment *Rabelais,* en appuyant sur l'obscurité de l'origine de notre personnage : « En après,
« lisant les belles chronicques de ses ancestres, trouva que
« Geoffroy de Lusignan, dict Geoffroy à la grand dent,
« *grand père du beau cousin de la sœur aisnée de la tante du*
« *gendre de l'oncle de la bruz de sa belle-mère*, estoit *enterré*
« *à Maillezais ;* dont print un jour campos (*les champs*)
« pour le visiter comme homme de bien. Et, partant de
« Poictiers avecques aulcuns de ses compaignons, passarent
« par Légugé, visitant le noble Ardillon, abbé ; par Lusi-
« gnan, par Sansay, par Celles, par Colonges, par Fonte-
« nay le Comte, saluant le docte Tiraqueau [1], et de là

(1) Ami de Rabelais et savant jurisconsulte, d'abord lieutenant général au Bailliage de Fontenay-le-Comte, et depuis Conseiller au Parlement de Paris.

« arrivarent à Maillezais, où visita le sepulchre dudit
« *Geoffroy à la grand dent;* dont il eut quelque peu de
« frayeur, voyant sa pourtraicture; car il y est en imaige
« comme d'ung homme furieux, tirant à demy son grand
« malchus (*coutelas*) de la guaine. Et demandoit la cause
« de ce. Les chanoines du dict lieu luy dirent que n'estoit
« aultre cause sinon que *pictoribus atque poetis*, etc., c'est-
« à-dire que les painctres et poëtes ont liberté de paindre
« à leur plaisir ce qu'ilz veulent, etc. » (*Pantagruel, liv. 2,
chap. 15*).

L'âge qu'avait atteint Geoffroy II ne peut être précisé, parce que la date de sa naissance n'est pas exactement connue; mais elle ne doit pas s'éloigner beaucoup de 1198 [1]; il serait donc mort à 50 ans environ. Ce fougueux seigneur personnifiait bien son époque; il s'abandonnait sans mesure à tous ses sentiments et ne craignait rien, justifiant ce qu'a dit Guizot de ces temps de « déplorable
« condition sociale, où l'homme était immense, son indi-
« vidualité profonde et sa volonté sans bornes... »

— Geoffroy 1er et Geoffroy II de Lusignan avaient acquis une grande renommée; elle s'étendit jusqu'en Allemagne où l'on a trouvé une singulière médaille qui représente Geoffroy II coiffé d'un casque bizarre, maintenu par une mentonnière, avec une grande dent qui lui sort de la

---

(1) Il résulte d'une charte de 1200 conservée à la Bibliothèque Nationale dans les manuscrits de *Baluze*, T. 51, p. 87, que Geoffroy II dut naitre en 1198 ou 1199. En effet, dans cette charte, Geoffroy Ier, son père, reconnait qu'il n'a pas de droits coutumiers sur certaines terres appartenant à l'abbaye de l'Absie, et il termine ainsi : « *hæc ita concessit domina Eustachia uxor mea et Goffridus
« filius meus adhuc infantulus* »... *Infans* est l'enfant qui ne parle pas encore (2 à 3 ans au plus); *infantulus* est encore au-dessous : 18 mois à 2 ans. Or cette charte, datée de Mervent, est du 4 Mai 1200. Geoffroy II est donc né en 1198 ou 1199.

bouche. On lit autour : GODEFRIDVS DE LVZINEM.
Le revers représente une tête de loup ou de chien monstrueux. Tentzel, Conservateur du Cabinet des Médailles de Gotha (1659-1707) qui a, le premier décrit cette médaille, en 1692, dit que l'histoire de Geoffroy la Grand' Dent a été traduite du français en italien, puis en allemand en 1456, par les ordres du margrave Rodolphe de Hochberg. Dans une traduction publiée à Francfort en 1571, on lit que deux chevaliers Aragonais vinrent inviter le brave Geoffroy à aller combattre un monstre, gardien d'un trésor qui avait été amassé par quelqu'un de sa maison. Quoique cet animal eût déjà dévoré un chevalier anglais qui voulait l'attaquer, Geoffroy n'hésita pas à tenter l'aventure, mais il mourut de maladie avant d'avoir pu joindre le monstre. — Fr. Münter, antiquaire Danois (1760-1830) a signalé deux médailles analogues, en argent et en bronze, conservées au Cabinet Impérial de Vienne et qui, d'après lui, auraient été frappées en Italie au xve siècle, — peut-être, en effet, par quelque descendant des Lusignan de Chypre, en souvenir de Geoffroy 1er qui se distingua à la 3e Croisade et de son fils Geoffroy II dit la Grand' Dent.

Le caractère fabuleux donné à l'histoire de ces seigneurs du moyen âge vient surtout du roman de Mélusine [1]

---

[1] La *Revue du Bas-Poitou* a publié en 1894 (p. 494) des observations intéressantes de M. le Comte de Marsy sur *Mélusine* et *Geoffroy la Grand' Dent*. Après avoir parlé des origines obscures de la légende de Mélusine (qu'il ne faut pas confondre avec l'ancienne Sirène), le savant archéologue se demande « si le nom de *Grand' Dent* a pu être donné à un Geoffroy de Lusignan avant le « roman de Jehan d'Arras ». Rien ne l'établit. Ce roman fut composé seulement en 1387, et il fut répandu par la tradition et par des copies manuscrites jusqu'en 1478, date de sa première impression à Genève ; mais le surnom de *Grand' Dent* ne se trouve dans aucun document antérieur, et ce fut probable-

fée que les récits de chevalerie et les légendes propagées en Poitou représentent comme l'aïeule et la protectrice de la maison de Lusignan. — Ce roman fut composé en 1387 par Jehan d'Arras, secrétaire du Duc de Berry, par ordre de Charles V, son frère, pour l'amusement de la Duchesse de Bar, sœur du roi, et imprimé pour la première fois en 1487. L'auteur raconte entre autres choses que *Mélusine* était fille d'*Elinas*, roi d'Albanie, et de la fée *Pressine* qui, pour la punir de sa désobéissance envers son père l'avait condamnée à devenir moitié serpent tous les samedis, et à ne se marier qu'à la condition de n'être pas vue ce jour-là par son mari. Mélusine s'étant mise à voyager, vint en Poitou et fit la connaissance de *Raymondin*, fils du Comte de Forez, qui prenait part aux tour-

ment, en effet, Jehan d'Arras qui le donna à Geoffroy de Lusignan, persécuteur de l'Abbaye de Maillezais, pour le rendre plus effrayant. Les historiens lui conservèrent ce nom pour le distinguer des autres Geoffroy, dont il a ainsi éclipsé sinon absorbé la renommée. Quant à son père Geoffroy 1er, qui s'illustra aux Croisades, M. de Marsy dit que rien ne lui paraît plus hypothétique que de le faire descendre des Hugues de Lusignan »... Tous les auteurs sont cependant d'accord pour établir qu'il était fils de Hugues VIII ; qu'il secourut son frère Guy au siège de Saint-Jean d'Acre, et tous les chroniqueurs le citent. Il est aussi appelé *Grand' Dent* dans le roman de Mélusine, parce que l'auteur a amalgamé les exploits du père en Orient avec ceux du fils qui, en Poitou, incendia l'abbaye de Maillezais, fut excommunié et dut se rendre à Spolète auprès du Pape (Juillet 1233) pour être absous (*Gallia Christiana*. I, 1368. — *Nova Biblioth. Labbeana*, II, 245). Ces faits sont également rappelés dans le *Père Anselme* (Hist. Généal.) qui ajoute que l'absolution lui fut donnée moyennant la renonciation qu'il fit à son droit d'avouerie, gîte et jurisdiction, qu'en 1242 il prit les armes contre le Roi Saint-Louis en faveur de Hugues X, Comte de la Marche, son cousin, et qu'au mois d'avril de l'année suivante il déclara par ses lettres qu'il avait fait hommage à Alphonse de France, Comte de Poitiers (frère de St-Louis) de ses châteaux et fiefs de Vouvant, de Fontenay, de Soubize et des autres terres qu'il tenait de noble homme Hugues, Comte de la Marche.

Il ne nous manquait que la date de la mort de Geoffroy 1er pour ne pas lui attribuer tous les méfaits de son fils. On s'était aussi demandé si le père et le fils n'étaient pas le même personnage ? mais Geoffroy II ne mourut qu'en 1248, et il résulte d'un document récemment trouvé aux Archives Nationales (*Voir plus loin*) que Geoffroy 1er était décédé avant 1224.

nois donnés par son oncle le Comte du Poitou. Un mariage s'ensuivit, et de cette union naquirent neuf enfants qui tous avaient des marques de leur étrange origine. L'un d'eux fut le fameux Geoffroy, dit la *Grand' Dent*, parce qu'il avait une dent énorme qui lui sortait de la bouche. Plus tard Raymondin ayant voulu, malgré la défense faite, voir sa femme un samedi, la surprit dans sa métamorphose et se baignant dans une cuve ; mais elle s'enfuit par une fenêtre sous la forme d'un serpent ailé et disparut pour toujours. Elle erre depuis lors sur les ruines des châteaux bâtis de son temps, et effraye les populations par ses apparitions et ses plaintes nocturnes. — Cette fable paraît être venue d'Orient et de la confusion faite entre la *Mélissende* historique, fille de Baudouin II roi de Jérusalem (femme de Foulques V d'Anjou, qui lui succéda, de 1131 à 1142) et la *Sirène* d'Ascalon, prise pour emblème par la maison de Lusignan [1].

Geoffroy la Grand' Dent a été le sujet de nombreux romans, tableaux, gravures et sculptures, et une statue effrayante de ce prétendu fils de Mélusine se voyait autrefois au-dessus de la principale porte du château de Lusignan. — En 1834, on fit des fouilles dans l'ancienne abbaye de Maillezais, et on y découvrit une tête en pierre provenant, dit-on, du cénotaphe élevé à la mémoire de Geoffroy, et qui paraît le représenter ; mais la pierre a subi bien des chocs, le temps en a usé plusieurs parties et on n'y voit plus la grande dent. Cependant cette tête garde encore une expression terrible. On peut la voir au Musée lapidaire de Niort (n° 135 du Catalogue).

[1] En termes de blason, une *Mélusine* est une figure demi-femme, demi-poisson, se baignant dans une cuve, se mirant et peignant ses cheveux.

— En recherchant les documents historiques qui peuvent s'appliquer à Geoffroy la Grand'Dent, nous en avons trouvé plusieurs qui méritent d'être signalés :

On voit dans Rymer (*Fœdera*, T. I, p. 313) qu'en 1230, Henri III, roi d'Angleterre, libéra de prison un *Geoffroy* et un *Aimery* de Lusignan, tous deux *frères* (faits prisonniers par le Comte de Bretagne, agissant pour Henri III) sur la promesse de Geoffroy de livrer ses châteaux de Vouvent et Mervent. Il ne peut s'agir ici que de Geoffroy la Grand'Dent, puisque son père Geoffroy Ier était mort dès 1224; mais Geoffroy II n'avait pas de frère nommé Aimery, ou du moins aucun généalogiste ne l'a signalé. On lit d'autre part dans l'*Histoire ecclésiastique d'Angleterre* de Jérémie Collier (T. 2, p. 158), qu'un Geoffroy de Lusignan (sire de Jarnac) et un Aymar (ou Athelmar, nommé Evêque de Winchester), tous deux frères, furent expulsés d'Angleterre en 1260 et malgré le Roi, par une décision des Barons réunis en Parlement, qui imposaient alors leurs volontés; mais ces deux frères étaient fils de Hugues X, Comte de la Marche, et demi-frères d'Henri III d'Angleterre par leur mère Isabelle d'Angoulême, veuve de Jean-sans-Terre, remariée à Hugues X. Ce Geoffroy de Lusignan appartenait donc à une autre branche plus jeune, et d'ailleurs il n'était pas seigneur de Vouvent. Il paraît donc qu'il y a eu erreur sur le nom ou sur le degré de parenté du second prisonnier (*Emericus*) cité par Rymer, dont voici, du reste, le texte :

(1230). — « Sciant præsentes et futuri, quod hæc est « forma per quam dominus Henricus Rex illustris, filius « Regis Johannis deliberavit *Galfridum de Lezyniaco*, et milites

« suos cum eo captos a prisona videlicet. Quod ipse Galfri-
« dus, in primis, commisit ipsi Regi castra sua Devonent
« (de Vovent) et Mereventer, in tenentiam et securitatem de
« fideli servitio; ita quod ipse Rex, quam diu guerra dura-
« verit inter ipsum et Regem Franciæ, tenebit castra supra-
« dicta in manu sua, ad guerrandum inde inimicos suos. —
« Et cum idem Rex habuerit castra prædicta in manu sua,
« sicut predictum est, tunc faciet idem Galfridus eidem Regi
« homagium suum de jure suo.. Deliberavit Rex *Emericum*
« *de Lezyniaco fratrem ipsius* Galfridi, et cum eo captum ; ita
« quidem quod tota terra sua, quam tenende Emerico de
« Toarcio, ad opus Regis incurratur ; de voluntate assensu
« ipsius Emerici de Toarcio, qui hoc manucepit et concessit,
« si contingat ipsum Emericum de Lezyniaco a fidelitate et
« servitio Regis aliquando recedere, et inde Cartam suam
« Domino regi fieri faciet... etc. »

L'érudit archiviste Paul Marchegay, dans ses *Recherches historiques sur la Vendée*, a parlé d'un document analogue à celui de Rymer, mais il n'en a donné qu'une traduction incomplète. Il dit à ce sujet : « Vouvent et Mervent étaient
« jadis deux noms à peu près inséparables ; aujourd'hui ils
« appartiennent à deux cantons différents : Vouvent à la
« Châtaigneraie, Mervent à Saint-Hilaire-des-Loges. Au
« commencement du XIIIe siècle, ces deux formidables cita-
« delles [1] avaient pour seigneur un cadet de la maison de

---

(1) *Vouvent*, aujourd'hui village de 1,331 habit. dans une vallée très pittoresque, possède une magnifique église romane (monument historique) du commencement du XIe siècle, en partie détruite. Sa porte principale, divisée en deux baies est une merveille de sculpture. Elle est divisée par des faisceaux de colonnes en deux baies secondaires en plein cintre, encadrées par un grand arc orné de feuillages et d'animaux fantastiques. Au sommet de la façade, des sculptures du XVe siècle représentent la Cène et l'Ascension. On remarque

« Lusignan, Geoffroy. Sa fille aînée, Valence » (*erreur, c'était la fille de son second fils Guillaume*, — *P. Marchegay l'a reconnu plus tard* — (*voir plus loin*) « les apporta en 1248
« dans la famille de Parthenay-l'Archevêque, par laquelle
« elles ont été possédées pendant près de 200 ans. Geoffroy
« de Lusignan, à l'exemple de la plupart des autres Barons,
« combattit alternativement sous les drapeaux du roi d'An-
« gleterre et sous ceux du roi de France. Fait prisonnier par
« le monarque anglais, il n'obtint sa délivrance et celle de
« ses chevaliers que par la remise de ses châteaux et en don-
« nant de bonnes garanties de sa fidélité pour l'avenir ; mais
« les victoires de Saint-Louis ne tardèrent pas à rendre inu-
« tiles les mesures et les précautions consignées dans la
« charte que nous traduisons ci-dessous et qui figure à
« Londres parmi les rôles des lettres-patentes de Henri III :

— « Henri, roi d'Angleterre, à tous ses fidèles sujets.

« Sachez que nous délivrons Geoffroy de Lusignan de
« notre prison sur sa promesse de nous livrer ses châteaux
« de Vouvent et Mervent ; puis cette promesse accomplie,
« de nous rendre hommage et de donner des garanties
« suffisantes du fidèle service qu'il doit nous rendre. Nous

également à Vouvent un beau donjon cylindrique du XIIIe siècle, dit *Tour de Mélusine*, haut de 30 mètres et entouré des ruines d'un remarquable château du moyen âge qui était défendu par une double enceinte dont les traces sont encore visibles. La ville proprement dite était également murée et entourée d'une douzaine de tours.

Mervent, village de 1,345 habit. On y remarque sur un rocher abrupt dominant la Mère, les ruines du château qu'assiégèrent Jean-sans-Terre et Saint-Louis. Les découvertes archéologiques faites dans la forêt indiquent la haute antiquité de Mervent. Cette forêt, la plus belle du Poitou, dépendait autrefois des baronnies de Vouvent et de Mervent, annexes de la grande baronnie de Parthenay et de la Gâtine du Poitou. Elle passa successivement entre les mains des Chabot, des Lusignan, des Parthenay-l'Archevêque, des Richemond et des d'Orléans-Longueville.

« délivrons aussi les Chevaliers dudit Geoffroi, à la charge
« par eux de nous donner les mêmes garanties de leur
« fidèle service ; et nous n'exigerons d'eux tous que celles
« qu'ils pourront et devront raisonnablement fournir.

« Fait en présence du Roi, le 6 juin, xve année de son
« règne. »

Cette année correspond à 1230.

Le recueil *Royal letters of Henri III* (Chronicles of Great Britain during the middle ages, London, 1862, T. 1, p. 378) donne une lettre du 27 Juin 1230, adressée par G. de Wulward à l'Evêque de Chichester, chancelier, dans laquelle il l'informe de ce qu'a fait récemment le Roi, et parle de la libération de Geoffroy de Lusignan (6 Juin 1230) et de tous ceux qui avaient été faits prisonniers avec lui par le Comte de Bretagne [1] ; mais il ne cite pas Aimeri (Emericus de Lezyniaco) comme le fait Rymer. Il écrit seulement :

---

[1] Pierre de Dreux, surnommé *Mauclerc*, à cause de sa turbulence et de sa mauvaise foi. Il prit part à diverses révoltes et ligues contre la régente Blanche et Saint-Louis. Par son mariage avec Alix, fille de Guy de Thouars et héritière de la Bretagne, il en devint Comte, puis Duc (1213-1237).

On sait qu'Henri III d'Angleterre fit une nouvelle tentative en 1230 pour ressaisir le Poitou. Il débarqua le 5 mai à St-Malo (*Royal Letters of Henri III*, 1, 363), à la tête d'une armée, passa à Nantes le 16 Mai (*Rymer*, 1, 196) où il resta quelque temps. Il arriva en Saintonge après avoir probablement traversé le Bas-Poitou. Le 18 juillet il était à Pons (*Lettres des Rois et Reines*, par Champollion-Figeac, 1, 36). Le 15 août, il convient d'une trêve de 15 jours avec le Comte de la Marche, qui avait été forcé de se soumettre à Louis IX. Revenu à Nantes avant le 23 septembre, Henri III ne voulut pas retourner en Angleterre sans laisser des secours, des promesses et des espérances à ses partisans. Il accorda au Duc de Bretagne 400 chevaliers et 100 sergents à cheval (*Rymer*, 1, 198). Le 29 septembre il écrivit de Redon à Geoffroy de Lusignan qu'il allait chercher des secours en Angleterre, mais qu'en attendant il laisse sur le continent le Comte de Chester et le Comte Mareschal qui, avec le Duc de Bretagne, ont mission de continuer la guerre, et auxquels il a enjoint de lui donner le secours dont il aura besoin ; de même qu'il le supplie de vouloir bien apporter son propre concours à ses lieutenants (*Royal Letters of Henri III*, T. 1, p. 378).

Tunc etiam commisit Galfridus de Leziniaco domini regi castra sua de Vevent et Merevent in Pictavia, tenenda (quam) diu guerra duraverit... etiam regem Franciæ, et sub alia quadam conditione, quam longum esset enarrare. Et sic liberavit ipsum Galfridus dominus Rex a prisona, et milites suos, et alios cum eo captos per Comitem Britanniæ, *et omnes homagium domino regi fecerunt...*

On est donc amené à conclure de l'examen de ces divers textes que le prisonnier libéré par Henri III en 1230 ne saurait être autre que Geoffroy II la Grand'Dent, et que, de plus, s'il n'y a pas d'erreur dans le texte de Rymer, il aurait eu un frère nommé *Aymar* ou *Aimeri*, dont les généalogistes n'ont pas parlé.

— Nous avons dit plus haut que Paul Marchegay avait commis une erreur au sujet de *Valence*, l'héritière des fiefs de Vouvent et Mervent; mais il l'a rectifiée plus tard dans les documents manuscrits qu'il a laissés à la Bibliothèque Nationale (*Nouv. Acq. Françaises, n° 5,040, f° 335 et suiv., Coll^{on} Marchegay*). Cette erreur a été reproduite par MM. Beauchet-Filleau dans la 1re édition de leur *Dictionnaire des familles du Poitou* et par plusieurs autres. *Valence* était la *petite-fille* et non la fille aînée de Geoffroy Ier de Lusignan, qui n'eût que deux enfants mâles, Geoffroy dit la Grand'Dent, et Guillaume dit de Valence (les deux frères qui persécutèrent les moines de Maillezais). *Valence*, appelée par erreur *Valérie* dans Moreri et La Chenaye des Bois, était fille de Guillaume de Valence et de Marquise de Mauléon, et par conséquent nièce de Geoffroy la Grand'Dent, dont elle hérita, puisque lors de son mariage avec Hugues-l'Archevêque, sire de Parthenay, elle lui apporta Vouvent, Mervent, Mouchamp et Soubise. Marquise, sa mère était fille du célèbre *Savary de Mauléon* et de *Belle-Assez*, de Pareds. Un accord pour l'exécution du testament de Geoffroy II fut conclu en Juin 1250 (*Coll^on Dupuy, Manuscr. de la Bibl. Nat.*) entre Valence et son mari, d'une part, et les exécuteurs testamentaires G. Fort et Fouque Petit, d'autre part, et la date de cet accord indique bien qu'il s'agit de Geoffroy II la Grand'Dent, décédé en 1248, et non de Geoffroy Ier, décédé avant 1224.

Parmi les documents qui prouvent que Valence était bien la nièce et non la fille de Geoffroy II, on peut citer un acte du 6 Juin 1242, imprimé dans les *Layettes du Trésor des Chartes*, T. II, p. 473, où l'on trouve cette indication que Geoffroy n'était que le détenteur, à titre de bail sans doute, et non le possesseur réel de la seigneurie de Soubise, laquelle appartenait à sa nièce (*villam de Soubise quæ est neptis meæ*).

— Un autre intéressant document, c'est le *testament* de Geoffroy la Grand'Dent — Benjamin Fillon et plusieurs autres auteurs ont répété, après le Père Anselme et Moréri, que Geoffroy était mort sans enfants. C'est une erreur, car nous verrons plus loin, par un extrait de son testament, qu'il eût une seconde femme, nommée *Aude*, dont il réserva la dot, et trois enfants (*Arpin, Aaliz et Borgoigne*), à qui il fit des legs ; mais ce fut *Valence*, sa nièce, fille de son frère Guillaume, qui hérita des châteaux de Vouvent et Mervent, qu'elle apporta par mariage à Hugues II l'Archevêque, sire de Parthenay, après la mort de Geoffroy la Grand'Dent en 1248. Nous avons dit qu'ils furent chargés tous deux du règlement de la succession avec les exécuteurs testamentaires (acte de 1250).

Le Père Anselme indique bien *Humberge de Limoges* comme une seconde femme de Geoffroy Ier ; mais il n'en donne aucune à Geoffroy II. Moréri dit à tort que *Clémence de Châtellerault,* décédée en 1239, fut une seconde femme de Geoffroy Ier [(1)]. Un document de Mai 1224, conservé aux Archives Nationales (*Cartulaire de Saint-Louis*), établit péremptoirement que Geoffroy II (la Grand'Dent) eut d'abord pour femme *Clémence,* Vicomtesse de Châtellerault, qu'il épousa en cette même année 1224. Ce document que nous croyons devoir reproduire ci-après, parce qu'il redresse de nombreuses erreurs, est un *aveu* de Geoffroy (II) de Lusignan, seigneur de Vouvent, au roi de France (Louis VIII). Il reconnaît que le Roi l'a reçu en foi et hommage-lige de la vicomté de Châtellerault, à lui advenue à cause de sa *femme Clémence,* fille de Hugues, jadis vicomte de Châtellerault. Il lui fait aussi hommage des autres terres que son père (Geoffroy Ier) tenait du Roi Philippe (Auguste).

[(1)] Cette *Clémence* fut la première femme de Geoffroy II, car, outre le document latin ci-après, Geoffroy confirma par un acte de la même année 1239, le « don que *feue* noble dame *Clémence,* Vicomtesse de Châtellerault, *sa femme,* « avait fait à l'abbaye de Saint-Denis de tout ce qu'elle et ses ancêtres avaient « possédé dans le prieuré de Vaux ». — Et Geoffroy avait, en effet, pris, du chef de sa femme, le titre de Vicomte de Châtellerault, dans un autre acte de 1232 .é plus haut, par lequel, avant de partir pour Rome, il fait réparation aux religieux de l'Absie pour les dommages et les injures que *son père et lui* avaient fait éprouver à l'abbaye : « A tous ceulx qui ces présentes lettres ver- « ront, Geoffroy de Lusignan, *Vicomte de Châtellerault,* seigneur de Volvent et « Mayrevant, salut, etc. » *(Dom Fonteneau,* 1, 309). — *Thibaudeau,* hist. du Poitou, II, 483. — Extraits de *Gaignières* (Bib. Nat. Manuscr. fonds Français, n° 20,690, p. 233). — D'après *Lalanne* (Hist. de Châtelleraud, 1859), *Clémence* aurait épousé, en 1244, un autre Geoffroy de Lusignan, *sire de Jarnac* (fils de Hugues X de la Marche) ; c'est une erreur qui a été reproduite par M. A. de la Porte, dans ses *Gens de qualité en Basse-Marche* (2° liv. p. 22), de même que, p. 33, il fait de *Valence* une *fille* de Geoffroy II : c'était sa *nièce*.

Il déclare que, lorsque le Roi est en Poitou, lui, Vicomte de Châtellerault, est obligé de consigner entre ses mains le château de Vouvent pour y mettre la garnison du Roi, et qu'il lui doit être rendu quand le Roi sort de la province; ce qu'il accorde, du consentement du Comte de la Marche, seigneur dominant dudit Vouvent. De plus, il a quitté (donné) au roi tout ce que sa femme avait droit de prétendre dans le comté d'Alençon, et il en fera passer acte par sa femme :

« Ego, Gaufridus de Lizegnam [1] notum facio universis
« tam presentibus quam futuris quod karissimus dominus
« meus Ludovicus, Rex Francie illustris, salvo rachato
« suo, recepiet me in hominem de vicecomitatu Castri
« Eraudi qui provenit michi ex parte *Clementie uxoris*
« *mee* [2], filie Hugonis quondam vicecomitis Castri Eraudi,
« quando meam ad dominum regem adducam uxo-
« rem predictam. Quam si contigerit sine herede dece-
« dere, vicecomitatus ille redibit ad heredes proximioes,
« salvo rachato domini Regis. — Et sciendam quod nec
« ego nec alius poterit facere novam fortericiam apud
« Castrum Eraudi nisi de voluntate domini Regis. — Et
« de hoc vicecomitatu teneor, ego et heredes mei de uxore
« mea predicta, facere domino Regi et heredibus suis
« homagium ligium contra omnes homines. — Et feci
« eidem domino Regi hominagium de alia terra quam
« *pater meus* [3] tenuit de bone memorie rege *Philippo* [4]

---

[1] Geoffroy II, de Lusignan, dit la Grand'Dent, seigneur de Vouvent.
[2] Clémence de Châtellerault, femme du même Geoffroy II.
[3] Geoffroy Ier de Lusignan, précédent seigneur de Vouvent.
[4] Philippe-Auguste, que Geoffroy Ier suivit à la 3e Croisade.

« genitore suo, quamdiu fuit in ejus servitio, et similiter
« tenentur heredes mei facere hominagium de eâdem terrâ
« domino Regi et heredibus suis. Quotiens autem et
« quando dominus Rex erit in partibus Pictavie, teneor
« tradere castrum meum de *Vovent* regi vel mandato suo,
« ad ponendum in eo garnisionem suam quamdiu erit in
« partibus Pictavie, et, in recessu suo rehabebo *castrum*
« *meum de Vovent*...... Et sciendum quod convencionem
« quam feci de castro de Vovent, sicut dictum est, feci de
« voluntate et precepto domini mei comitis Marchie de
« quo teneo castrum Voventi. Quitavi etiam domino Regi
« et heredibus suis in perpetuum quicquid juris clamare
« et habere possum, ex parte dicte uxoris mee in toto eo
« quod tenet dominus Rex de toto comitatu Alenconis,
« et hanc quitacionem fieri faciam a dicta uxore mea.

« In cujus rei memoriam et testimonium presentem
« paginam sigilli mei appositione confirmo. Actum anno
« Domini millesimo ducentesimo vicesimo quarto, mense
« Mayo ». (Mai 1224), CARTULAIRE DE SAINT-LOUIS.
Archives Nationales, J J, 31, f° 74, au verso) [1].

Cet aveu fut le résultat d'un accord préalable conclu à
Bourges entre Louis VIII et Geoffroy de Lusignan. Le Roi
posa les conditions de l'accord dont l'aveu de Geoffroy
n'est que la copie presque littérale. L'acte vraiment original

---

[1] Ce document est imprimé dans les *Layettes du Trésor des Chartes*, t. II, p. 31 ; mais c'est par erreur qu'une note indique Geoffroy de Lusignan, seigneur de Vouvent (signataire de cette charte et mort en 1248), comme étant un autre Geoffroy de Lusignan, sire de Jarnac, fils de Hugues X de la Marche et d'Isabelle, qui se marièrent en 1220. C'est impossible, car ce sire de Jarnac était à peine né en 1224, lorsque Geoffroy la Grand'Dent signa l'acte ou *aveu* ci-dessus. — C'est ainsi que, faute d'attention, les erreurs se propagent et se perpétuent !

est donc la charte de Louis VIII qui se trouve dans *Mariené* (Veter. script. ampl. Collectio, T. I, p. 1186). Il n'en a été fait mention par aucun des historiens qui ont parlé de *Geoffroy de Lusignan* (dit la Grand'Dent), *sire de Vouvent et Mervent, Vicomte de Châtellerault* en 1224.

— Le testament *intégral* de Geoffroy *la Grand'Dent* ne nous est pas parvenu. Nous n'en avons qu'un extrait et une analyse donnés par Jean Besly, l'historien poitevin, conservés dans les manuscrits de la Bibliothèque Nationale. Geoffroy y désigne certaines terres comme devant fournir pendant un nombre d'années déterminé, de quoi faire des aumônes et payer ses dettes, une fois qu'on aura payé la dot de sa femme et les legs à ses enfants.

Voici, du reste, l'extrait de Besly, avec la traduction en regard :

janvier 1247.

Item volo et præcipio quod de terra mea de Subizia, cum omnibus fructibus et pertinentiis, usque ad duos annos continuos et completos, de consensu et voluntate Hugonis Archiepiscopi domini Partiniaci, qui de hoc tenendo spontaneus fidem dedit, et de Mairevento et Volvento et Muncantorio cum omnibus pertinentiis, redditibus, proventibus et aliis rebus quas ibi habere debeo, usque ad quatuor annos fiant elemosinæ meæ et emendæ et debita mea persolventur ; salva tamen dote Audæ, *uxoris meæ*, quæ est C. marcarum annui redditus sicut in carta sua, sibi data et tradita, continetur.	Item, je veux et ordonne que de ma terre de Soubise, avec tous ses revenus et dépendances, pendant deux années continues et complètes, du consentement et de la volonté de Hugues-L'Archevêque, seigneur de Parthenay, qui a promis sous la foi du serment et de sa libre volonté de donner son consentement ; et aussi de mes terres de Mervent, Volvent et Montcontour, avec toutes leurs appartenances et revenus et des autres choses que je dois y avoir, pendant quatre ans, — soient faites mes aumônes et amendes, et que mes dettes soient payées ; réserve faite de la dot de Aude, ma femme, qui est de cent marcs

Item lego C. libras Arpino, filio meo ; et similiter C. libras Aaliz, filiæ mææ ; et similiter Borgoigne C. libr. in pecunia numerata.	(*d'argent*), de revenu annuel, comme il est contenu dans la charte à elle donnée et livrée. Item, je lègue cent livres (1) à Arpin, mon fils, et aussi cent livres à Aaliz, ma fille ; et aussi cent livres à ma fille Borgoigne, en argent comptant (2).
Eligit sepulturam in ecclesia B. Mariæ de Volvento, coram altare Capellaniæ et instituit ibi unam capellaniam cum quodam Presbitero.	*Il a fixé le lieu de sa sépulture dans l'église Notre-Dame de Volvent devant l'autel de la Chapellenie ; et il y a institué une chapellenie desservie par un prêtre.* *Item, il est fait mention de chapelles à Chevefaye, Faymoreau, Puy-de-Serre, Saint-Michel-le-Clos, Pissot, Antigné, Saint-Maurice-des-Nouhes, la Chataigneraye, Saint-Pierre du Chemin, Moudenoble.*

— Les deux derniers paragraphes sont une analyse de *J. Besly*, — qui a dû voir le testament.

(*Bibl. Nat.* — *Manuscr.* Nouv. acq. Françaises, n° 5,040, folio 337, collection Marchegay (Poitou). — Et *Manuscr.* Dupuy, T. 499, f° 54.

— En résumé, Geoffroy *la Grand'Dent*, né vers 1198 et décédé en 1248, était fils d'Eustache Chabot (surnommée 𝔐élusine), et de Geoffroy Ier de Lusignan (2e fils de Hugues VIII) (3). Il n'est pas allé aux Croisades comme

---

(1) Au temps de Saint-Louis, d'après M. de Wailly, la *livre tournois* valait (valeur intrinsèque) 20 fr. 20 centimes. Plus tard, elle baissa beaucoup. A la même époque, le *marc* valait environ 52 fr. En effet, on taillait 58 gros tournois dans un marc, et le gros tournois avait une valeur intrinsèque de 20 fr. 90.

(2) Paul Marchegay a écrit dans ses notes manuscrites que ces enfants étaient probablement des bâtards, parce qu'ils n'héritèrent pas de Vouvent et Mervent ; mais Geoffroy dit bien *uxoris meæ*, et ces mots ne s'appliquent qu'à une femme légitime.

(3) On peut établir cette généalogie comme suit : Geoffroy Ier, second fils de Hugues VIII et de Bourgogne de Rancon, né vers 1145, décédé vers 1220, devint veuf, vers 1202, d'Eustache Chabot, et épousa vers la même époque

son père, qui s'y était particulièrement distingué ; mais il a bénéficié de la célébrité de celui-ci, et tous deux ont été confondus dans l'histoire et dans les romans qui racontent leurs prouesses, ainsi que dans les images qui représentent Geoffroy de Lusignan avec une grande dent, un casque à plumes et un brillant costume de guerre.

Geoffroy fils a sans doute pris part, en Poitou, aux luttes qu'eut à soutenir son cousin Hugues X de Lusignan, comte de la Marche (*Vouvent* était un fief de ce comté), et il fut même fait prisonnier d'Henri III d'Angleterre ; mais il est surtout connu par les violences qu'il exerça contre l'abbaye de Maillezais, et que son père avait commencées avant lui. Il les redoubla au point d'en expulser les religieux, et même d'incendier l'abbaye. D'un caractère sauvage et emporté, il n'aimait pas les moines et exigeait leur soumission entière, en vertu d'un droit d'*avouerie* (protectorat) qu'il prétendait tenir de sa mère, Eustache Chabot. Les Chabot, précédents seigneurs de Vouvent, avaient toujours eu des contestations avec le monastère à ce sujet, et le roi de France (Louis VII) avait dû, par un arrêt du 2 février 1151, déclarer Maillezais complètement libre de toute juridiction et de tout protec-

---

Humberge de Limoges, qui lui donna son second fils Guillaume, dit de Valence. Geoffroy II (la Grand'Dent), né de son premier mariage vers 1198 et mort en 1248, avait épousé Clémence de Châtellerault après la mort de Geoffroy Ier. Il n'en eut pas d'enfants ; mais d'après son testament, une seconde femme, nommée *Aude*, lui donna 3 enfants, à qui il fit des legs, mais qui n'héritèrent pas de ses fiefs. — Guillaume de Valence, né vers 1203, se maria vers 1225 à Marquise de Mauléon et en eut un fils, mort en bas âge, et une fille, nommée Valence, qui épousa, en 1248, Hugues-L'Archevêque, sire de Parthenay, et fut l'héritière de son oncle Geoffroy la Grand'Dent. On ne peut dresser aucune généalogie offrant plus de certitude ; elle est conforme aux anciens documents, et toute autre se heurte à des textes contraires.

torat. Geoffroy se réconcilia plus tard avec l'abbaye, non sans avoir été d'abord excommunié, puis absous par le Pape à Spolète, le 15 juillet 1232.

Quant à la *grande dent*, elle a probablement été exagérée, sinon inventée, par les romanciers et les peintres. On a cependant dit que cette singularité, plus ou moins prononcée, avait été remarquée chez plusieurs descendants de la famille des Lusignan, et cela permettrait de penser que l'un des Geoffroy était en effet porteur d'une de ces dents extraordinaires. On en a du reste gratifié Geoffroy Ier dans plusieurs écrits relatifs aux Croisades [1] en le confondant avec son fils qui est plus particulièrement appelé *la Grand'Dent* par les historiens du Poitou et les généalogistes Moréri, le père Anselme et autres. Quoi qu'il en soit, Jehan d'Arras, dans son roman de Mélusine (1387), a choisi un Geoffroy de Lusignan comme type de cette anomalie, dont il avait pu entendre parler (s'il ne l'a pas inventée), et il l'a accentuée pour rendre son héros plus remarquable dans la guerre et vis-à-vis des moines de Maillezais. Il a, en même temps, mêlé l'histoire du père à celle du fils, d'autant plus facilement qu'ils avaient tous les deux molesté les mêmes religieux. Rabelais vint ensuite rappeler la *Grand'Dent* en visitant l'abbaye, et plus tard Claude Vignon et d'autres artistes, inspirés par ces récits, l'ont représenté avec cette espèce de défense de sanglier

---

[1] M. le Cte de Mas-Latrie, membre de l'Institut, a écrit dans son *Histoire de l'île de Chypre* (t. I, p. 8) : « Geoffroy de Lusignan, *célèbre depuis sous le nom de Geoffroy à la Grand'Dent*, vassal du roi d'Angleterre, à cause de ses seigneuries du Poitou, s'était joint à son frère Guy (1191) au siège de Saint-Jean d'Acre. » — Le même auteur (*Trésor de chronologie*, p. 1631) indique encore Geoffroy Ier, comte de Jaffa, comme le seigneur à la *Grand'Dent*.

qui lui *sailloit de la bouche plus d'ung pouce*, dit le roman. L'un d'eux y a même ajouté en légende ce vers de Virgile, applicable plutôt à Geoffroy Ier, célèbre, en effet, par ses succès militaires : *Insignis fama et felicibus armis* (Enéide, liv. VII, v. 745).

APPENDICES

Extrait de la Chronique de la Revue du Bas-Poitou du 2ᵉ trimestre 1895, p. 250.

Nous lisons dans le dernier *Bulletin de la Société des Antiquaires de France* (procès-verbaux des séances) :

Séance du 6 mars 1895. — M. Prou, membre résidant, communique au nom de M. Farcinet, associé correspondant, la note suivante :

« Les anciennes chroniques, plusieurs historiens et le roman de *Mélusine* parlent d'un seigneur du moyen-âge, Geoffroy de Lusignan, dit *la Grand'Dent,* qui est devenu légendaire en Poitou. L'identité de ce personnage, presque romantique, était restée longtemps douteuse. M. le comte de Mas Latrie l'avait confondu avec son père [1], qui se distingua aux Croisades vers 1191, et joua un rôle assez important dans les guerres dont le Poitou fut le théâtre sous Philippe-Auguste et ses successeurs. MM. Beauchet-Filleau, dans leur Dictionnaire des anciennes familles du Poitou [2], n'ont pas établi clairement sa généalogie, et plusieurs autres auteurs ont répété beaucoup d'erreurs à son sujet.

---

[1] *Histoire de l'île de Chypre*, t. I, p. 8. — *Trésor de chronologie*, p. 1631.
[2] T. II, *Lusignan*, branche de Vouvent.

Il résulte de documents conservés aux manuscrits de la Bibliothèque nationale, ainsi qu'aux Archives, et surtout d'un *aveu* de 1224, consigné dans le Cartulaire de saint Louis, que Geoffroy Ier de Lusignan, père de Geoffroy II, dit la Grand'Dent, était mort à cette date de 1224. Geoffroy II ne mourut qu'en 1248, et c'est lui qui, avec son frère Guillaume de Valence, molesta les moines de Maillezais en 1225 et années suivantes, et incendia l'abbaye. C'est à lui que Jehan d'Arras, dans son roman de *Mélusine* (composé en 1387), fait allusion sous le nom de *Grand'-Dent*, qu'il a conservé depuis. — Dans cet aveu de 1224, Geoffroy de Lusignan, seigneur de Vouvent, reconnaît que le roi (Louis VIII) l'a reçu en foi et hommage-lige de la vicomté de Châtellerault, à lui advenue à cause de sa femme Clémence, fille de Hugues, jadis vicomte de Châtellerault. Il lui fait aussi hommage des autres terres que son père (Geoffroy Ier) tenait du roi Philippe (Auguste), etc. (*Archives Nat.* J J 31, fol. 74, au verso.)

C'est donc aussi à tort que *Moreri* indique Clémence de Châtellerault comme une seconde femme de Geoffroy Ier, et que le *Père Anselme* n'en donne aucune à Geoffroy II. Ces erreurs ont été répétées par tous les autres généalogistes.

En résumé, Geoffroy la Grand'Dent, né vers 1198 et décédé en 1248, était fils d'Eustache Chabot [1] (une des prétendues *Mélusines*) et de Geoffroy Ier de Lusignan (2e fils de Hugues VIII), qui se distingua à la troisième croisade. Il a bénéficié de la célébrité de son père, et tous deux ont été confondus dans l'histoire et dans les romans qui racontent leurs exploits. Geoffroy II prit part aux luttes qu'eut à soutenir son cousin Hugues X de la Marche, et il fut même fait prisonnier d'Henri III d'Angleterre [2]; mais il est surtout connu par les violences qu'il exerça contre l'abbaye de Maillezais et qui lui firent donner le surnom de *Grand'Dent*. »

[1] Bibl. Nat., *Manuscr.*, Coll. Dupuy, T. 805, fol. 69.
[2] Rymer, *Fœdera*, T. 1, p. 113. — *Royal letters of Henri III*, T. 1, p. 378.

— Nous avons vu avec plaisir deux lettres de félicitations adressées à notre érudit collaborateur M. Charles Farcinet, par MM. Léopold Delisle et de Mas-Latrie, membres de l'Institut, au sujet de son dernier article sur Geoffroy de Lusignan, paru dans cette Revue. Le premier dit : « *J'ai lu avec un véritable plaisir votre dissertation sur Geoffroy de Lusignan. Vous me paraissez avoir débrouillé d'une façon très heureuse la généalogie d'une branche de la maison de Lusignan, et fixé la place que doivent occuper dans cette généalogie les deux Geoffroy mêlés aux luttes des rois de France contre Jean-sans-terre et Henri III.* » — M. de Mas-Latrie écrit qu' « *Il se range tout à fait à l'opinion de nòtre collaborateur* ».

Ces deux témoignages sont d'autant plus précieux pour M. Farcinet qu'ils émanent de hautes personnalités, très compétentes pour apprécier la question. M. de Mas-Latrie est, en effet, l'auteur d'une remarquable *Histoire de l'île et des rois de Chypre*, et M. Léopold Delisle, d'une généalogie des *Comtes de la Marche* (2e branche), qui sont aussi de la famille de Lusignan.

— *Autre communication relative à Hugues IX, Comte de la Marche.*

Extrait des procès-verbaux de la *Société Nationale des Antiquaires de France*.

Séance du 29 avril 1896. — M. Charles Farcinet, associé correspondant national, fait la communication suivante :

« A l'occasion de mon étude sur Geoffroy de Lusignan, dit *la Grand'Dent*, qui, l'année dernière, a fait l'objet d'une communication à la *Société des Antiquaires de France*, j'ai reçu de M. Léopold Delisle, à qui ce personnage n'est pas inconnu, l'aimable lettre citée plus haut, et cette haute approbation m'a engagé à continuer mes recherches sur l'ancienne famille de Lusignan, dont la généalogie laisse beaucoup à désirer, et sur laquelle les historiens sont loin d'être d'accord. M. le Comte de Marsy, président de la

Société française d'archéologie, a écrit, dans la *Revue du Bas-Poitou* (1), que rien ne lui paraissait plus hypothétique que de faire descendre des Hugues de Lusignan Geoffroy Ier, père de Geoffroy II, *la Grand'Dent*. Cependant tous les auteurs sont d'accord pour dire que Geoffroy Ier était le deuxième fils de Hugues VIII de Lusignan, marié à Bourgogne de Rancon ; qu'il se distingua et secourut son frère Guy au siège de Saint-Jean-d'Acre (1191) ; que celui-ci, devenu roi de Chypre, après l'avoir été de Jérusalem, avait d'abord désigné Geoffroy pour lui succéder, mais que, sur son refus motivé par son désir de revenir en Poitou, ce fut son autre frère Amaury qui remplaça Guy (*Histoire de l'île de Chypre*, par le comte de Mas-Latrie).

Il paraissait donc utile d'établir clairement la généalogie des seigneurs de Lusignan et des comtes de la Marche, et c'est ce que je me suis proposé de faire plus haut et dans la *Revue du Bas-Poitou* (2e trimestre 1896). — Avant Hugues VIII, nous connaissons peu de chose sur les autres membres de cette illustre famille. Comme je l'ai dit précédemment, leur histoire est très obscure et remplie de leurs démêlés avec les ducs d'Aquitaine et les premiers seigneurs de la Marche, dont ils finirent par absorber le comté, malgré les prétentions des rois d'Angleterre, qu'ils appuyèrent ou combattirent suivant les circonstances. Ce fut Hugues VI de Lusignan, dit *le Diable* (1060-1110), qui commença cette guerre de la succession de la Marche, à laquelle il se prétendait des droits par sa mère *Almodis*, fille de Bernard, comte de la Marche ; mais cette guerre n'aboutit que bien plus tard (en 1199) à la conquête définitive du comté pour ses descendants.

Hugues VIII, sire de Lusignan de 1148 à 1173, et dit *le Brun* ou *le Vieux*, est signalé aux Croisades en 1163 par Guillaume de Tyr, « *Hugo de Leziniaco qui cognomitus est Brunus* (XIX, VIII, p. 894). » Fait prisonnier à la bataille de Harenc en 1164, il ne revint en Poitou qu'en 1171. En son absence, ses fils Hugues, Geoffroy, Guy et Amaury

(1) Année 1894, p. 494.

prirent part à l'insurrection des barons d'Aquitaine contre Henri II d'Angleterre, et en avril 1168 le comte Patrice de Salisbury fut tué dans une rencontre avec Geoffroy de Lusignan.

Hugues, dit aussi *le Brun*, fils aîné de Hugues VIII, mourut en 1169, et son père lui survécut. C'est un fait important à constater pour la généalogie. A la mort de son frère, Geoffroy revendiqua ses droits sur le comté de la Marche et l'administra de fait au milieu des compétitions anglaises jusqu'à son départ pour la croisade vers 1185.

Hugues IX de Lusignan (né avant le 12 novembre 1166), n'était donc pas fils de Hugues VIII. Cette erreur a été reproduite par tous les généalogistes. Il était fils de Hugues, l'aîné des fils de Hugues VIII, et par conséquent *petit-fils* de ce dernier. Cela résulte de plusieurs actes du cartulaire de l'abbaye des Châtelliers (collection de Dom Fonteneau, aux manuscrits de la Bibliothèque nationale) [1] établissant que Hugues, fils de Hugues VIII et frère de Geoffroy, mourut en 1169 (avant son père) et que ce fut un fils de cet Hugues qui, sous le nom de Hugues IX, remplaça son grand-père Hugues VIII. En effet, en 1171, un Hugues de Lusignan (Hugues VIII) confirme les dons faits à l'abbaye des Châtelliers par son père Hugues VII; en 1218, un autre Hugues de Lusignan (Hugues IX) confirme « *donum AVI MEI superius expressum,* » et en 1248, un autre Hugues (Hugues X) reconfirme les dons de son bisaïeul (*PROAVI MEI*). Il en résulte incontestablement que le Hugues IX de 1218 est le *petit-fils* du Hugues VIII de 1171. — Cette généalogie ressort également d'un autre acte du cartulaire de l'Absie (Arch. hist. du Poitou, 1895, t. 25, p. 132) constatant une donation faite en 1169 à l'abbaye de l'Absie par Geoffroy Ier de Lusignan (2e fils de Hugues VIII) pour le salut de son frère aîné Hugues, décédé le 16 avril 1169. Cet acte commence ainsi : « *Cum humana vita sit labilis et transitoria,* etc. » Et ensuite : « *...quod ego Gaufridus de Liziginiaco, pro salute animae mae*

[1] Fonds latin, n° 18,380.

« *fratrisque mei Hugonis atque parentum meorum dedi... Hoc*
« *factum est apud Liziniacum primo die post sepulturam*
« *Hugonis fratris mei laudante et concedente Burgundia matris*
« *mea. Anno Domini MCLXVIIII (1169) XVIII Kal.*
« *April.* » (Bourgogne (de Rancon) était la femme de
Hugues VIII). — Hugues IX, petit-fils de Hugues VIII,
devint définitivement comte de la Marche en 1199. C'est
la véritable date, d'après les chroniqueurs Bernard Itier et
Albéric de Troisfontaines. Il s'empara en effet du comté
à la mort de Richard Cœur-de-Lion.

F. L. D Chartreux cud Cum Privil Regis. C. Vignon inuent.
GEOFROY A LA GRAND DENT DE LVSIGNAN.

www.ingramcontent.com/pod-product-compliance
Lightning Source LLC
Chambersburg PA
CBHW060504050426

42451CB00009B/813